📖 주제

· 배려 · 다양성 · 사회 · 공동체

📖 활용 학년 및 교과 연계

초등 과정	2-1 국어	11. 상상의 날개를 펴요
	3학년 도덕	1. 나와 너, 우리 함께
	4-1 사회	3. 지역의 공공기관과 주민 참여
	4-2 국어	9. 감동을 나누며 읽어요
	4-2 사회	3. 사회 변화와 문화의 다양성
	5-1 사회	2. 인권 존중과 정의로운 사회

동물 학교 행복반의 이상한 규칙

초등 첫 인문철학왕

동물 학교 행복반의 이상한 규칙

초판 1쇄 발행 2023년 3월 30일

글쓴이 구민애 | **그린이** 임혜경 | **해설** 지혜인
기획편집 이정희 | **편집** 김민애 박주원
디자인 문지현 이유리 | **생각 실험 디자인** 이유리

펴낸이 이경민 | **펴낸곳** ㈜동아엠앤비
출판등록 2014년 3월 28일(제25100-2014-000025호)
주소 (03972) 서울특별시 마포구 월드컵북로22길 21, 2층
전화 (편집) 02-392-6901 (마케팅) 02-392-6900 | **팩스** 02-392-6902
홈페이지 www.moongchibooks.com | **전자우편** damnb0401@naver.com | **SNS**

ISBN 979-11-6363-608-3(74100)

※ 잘못된 책은 구입한 곳에서 바꿔 드립니다.
※ 이 책에 실린 사진은 셔터스톡, 위키피디아, 게티이미지뱅크(코리아)에서 제공받았습니다. 그 밖의 제공처는 별도 표기했습니다.

 도서출판 뭉치는 ㈜동아엠앤비의 어린이 출판 브랜드로, 아이들의 지식을 단단하게 만들어 주고, 아이들의 창의력과 사고력을 키워 주어 우리 자녀들이 융합형 사고뭉치와 창의뭉치로 성장할 수 있도록 좋은 책을 만들겠습니다.

동물 학교 행복반의 이상한 규칙

글쓴이 **구민애** 그린이 **임혜경**
해설 **한국 철학교육연구원 지혜인**

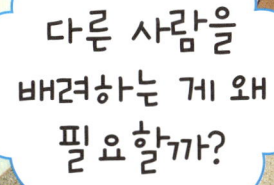

다른 사람을 배려하는 게 왜 필요할까?

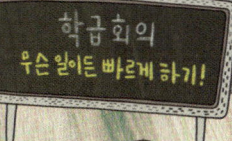

'질문'의 힘! '생각'의 힘!
'미래 인재'로 가는 힘!

어린이와 학부모님들께 《초등 첫 인문철학왕》을 추천할 수 있어서 매우 기쁩니다. 어린이들이 이 시리즈를 통해 '나'에 대해, 나와 공동체 사이의 소통에 대해, 세상의 이치와 진리에 대해 마음껏 질문하고 생각하기를 바라기 때문입니다. 그렇게 되면 창의적으로 문제를 해결하는 힘 또한 커질 수 있다고 믿기 때문이지요.

'제4차 산업혁명의 시대'라는 말처럼 우리는 모든 것이 혁신적으로 변화하는 시대에 살고 있습니다. 스마트폰, 인공 지능, 첨단 로봇 등 새로운 기술과 지식이 나오는 속도도 이전과 비교할 수 없을 정도로 빨라졌지요. 세상에 넘쳐나는 지식과 정보는 이제 누구나 쉽게 구할 수 있고, 개인의 두뇌에 담아낼 수 있는 용량을 넘어선 지 오래입니다. 결국 이 시대의 아이들에게 필요한 것은 지식보다는 그 지식을 다루는 지혜와 창의성 아닐까요?

7차 교육과정 개정 이후 학교 교육도 이러한 시대 흐름에 맞추어 미래 사회가 요구하는 인문학적 상상력과 과학기술 창조력을 두루 갖춘 창의융합형 인재를 양성하는 것을 목표로 합니다.

'철학'은 '지혜를 사랑하는'이란 뜻을 가진 말입니다. 이 학문은 여러분처럼 모든 것에 호기심 많았던 철학자들로부터 시작됩니다. 아주 오래전부터 인간, 사회, 자연, 우주, 진리 등 다양한 분야에서 다른 사람들보다 더 깊이, 더 많이, 그리고 아주 끈질기게 했던 수많은 질문과 탐구를 하며 만들어졌습니다.

마치 높은 곳에 올라가면 마을 전체를 내려다볼 수 있는 넓은 시야를 얻게 되듯이, 철학을 한다는 것은 하나의 문제를 더 큰 눈으로 볼 수 있게 되는 것이랍니다. 그러면 어떤 점이 좋을까요? 더 넓게 보는 눈, 더 깊이 있게 보는 눈, 다른 사람들이 생각하지 못한 부분들을 상상하고 찾아낼 수 있는 눈이 생깁니다. 또 우리 앞의 문제들을 자신만의 창의적인 방법으로 해결할 수도 있고, 그 문제를 해결하다가 다른 더 큰 문제를 발견하여 미리 처리할 수도 있습니다.

《초등 첫 인문철학왕》은 바로 그러한 생각의 눈을 아주 활짝 열어 줄 것입니다. 주제와 관련된 재미있는 동화, 이와 연결된 깊이 있는 인문 해설과 철학 특강, 창의·탐구 활동 등으로 구성된 시리즈는 아이들이 세상에 넘쳐나는 지식을 지혜롭게 다루는 힘을 길러서, 문제해결력을 갖춘 창의적 인재로 성장할 수 있게 해 줄 것입니다.

그러니 이 책을 읽으며 여러 분야에서 떠오르는 호기심과 질문들을 혼자만 가지고 있지 말고 친구, 가족과도 나누어 보시길 바랍니다. 모두가 질문하고 생각하는 힘이 생긴다면, 어려운 문제들을 함께 해결해 나가는 공동체를 만들 수 있겠지요?

이 책을 읽는 여러분들 모두, 그런 멋진 공동체를 하나둘 만들어 나가는 지혜로운 미래 인재가 되기를 기대합니다.

이지애 드림
(이화여대 철학과 부교수, 한국 철학교육 학회 회장)

초등 첫 인문철학왕
이렇게 활용하세요!

생각 실험

생각 실험은 어떤 사실을 알기 위해 여러 가지 실험과 사례를 연구하는 것이에요. 철학이나 자연 과학 분야 등에서 널리 사용되는 방법이에요. 권마다 주제에 관련된 실험, 유명한 인물의 사례 등을 읽으며 상상력과 문제 해결력을 키워 보세요.

만화 & 동화

인문 철학 주제별로 아이들의 생활 세계 속 이야기, 패러디 동화 등이 다양하게 펼쳐져요. 처음과 중간은 만화, 본문은 그림 동화로 되어 있어서, 재미난 이야기에 푹 빠질 수 있어요.

인문철학왕되기

오랫동안 어린이들과 함께 철학 수업을 연구하고 진행해 온 한국 철학교육연구원 소속 교수와 연구진들이 집필했어요.

소쌤의 철학 특강, 인문 특강, 창의 특강으로 구성되었어요. 주제와 이야기 안에 숨겨진 철학적 문제들에 대해 함께 답을 찾아갈 수 있도록 깊이 있는 토론과 특강, 그리고 재미있는 활동으로 구성되었어요.

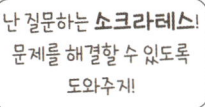

난 질문하는 **소크라테스**! 문제를 해결할 수 있도록 도와주지!

난 **뭉치**. 같이 생각하고 토론하지!

난 늘 창의적인 **새롬**이!

난 생각이 깊은 **지혜**!

교과 연계

각 권마다 최신 개정 교과서 단원과 연계되어 교과 학습에 도움이 되도록 구성되었어요. 권별로 확인하세요.

이 책의 차례

추천사	4
구성과 활용	6

생각 실험 지하철 임산부 배려석이 꼭 필요할까요? ················ 10

만화 배려는 누나만 하나요? ················ 20

왜 꼭 큰 소리로 말해야 해? ················ 22
- **인문철학왕되기1** 사람은 혼자 살아갈 수 있을까?
- **소쌤의 철학 특강** 인간은 사회적 동물

천천히 해도 하늘은 무너지지 않아 ················ 42
- **인문철학왕되기2** 일상에서 배려는 어떻게 이루어질까?
- **소쌤의 인문 특강** 배려가 중요한 까닭은?

| 만화 | 누구의 배려가 더 감동인가? | 62 |

입장 바꿔 생각해 봐! ······ 70
- 인문철학왕되기3 꼭 배려를 해야 하나요?
- 소쌤의 창의 특강 탑승객을 감동시킨 아기 엄마의 배려

우리 모두는 행복해 ······ 90
- 인문철학왕되기4 만일 나라면?
- 창의활동 공감 능력 키우기

생각실험

지하철 임산부 배려석이 꼭 필요할까요?

지하철을 한 번이라도 이용해 본 사람이라면 '임산부 배려석'을 봤을 거예요. 아이를 가진 임산부가 덜컹거리는 지하철에서 편히 앉아 갈 수 있도록 배려한 제도이지요. 일반 시민들은 그 자리가 비어 있어도 가급적 앉지 않고 비워 두지요.

임산부 배려석의 필요

89% 필요하다 → **90%**

11% 필요하지 않다 → **10%**

2019 — 2021

실제 조사에서도 **임산부 배려석이 필요**하다는 사회적 공감대는 형성되어 있다고 볼 수 있어요. 이 정책이 사회적 약자를 보호하는 데 기여하고 있다는 응답자의 비율도 81퍼센트나 되지요.

하지만 이 정책이 도입된 후 자리 잡는 과정에서
찬반 입장이 팽팽하게 맞섰어요.

'좋은 정책'이라는 의견과 더불어
'노약자석이 이미 있는데 별도의 배려석이
또 필요하냐'는 반응도 적지 않았지요.

일반인과의 형평성에 비추어 볼 때
배려석 자리가 너무 많아요!

> "임산부가 기존 노약자석에 앉으면 눈치 보는 일이 많아요. 배도 안 나왔는데 뭔 임신이냐고 의심하는 눈초리도 있어요. 임산부 배려석 덕분에 다른 사람이 자리를 양보해 주었으면 하고 바라지 않아도 돼요."

> "'배려'는 자발적 또는 자율적으로 이루어져야 진정한 의미가 있는 것이에요. 배려석을 따로 두어 강제를 하는 것은 형평성에 어긋납니다."

기본적으로 임산부와 노약자를
사회적 약자라 생각하고 그들을 보호해야 한다는 데에는
동의하지만, 배려석 문제에 있어서는
조금씩 입장이 다르네요.

**노약자에 속하는
어린이 여러분의 생각은 어떤가요?
임산부 배려석, 꼭 필요할까요?**

임산부 배려석을 따로 두지 말고, 노약자석을 좀 더 확대하면 좋겠어.

당연히 필요하지. 임산부가 노약자석에 앉으면 눈치 보이고, 일반인에게 자리를 양보받는 것도 쉽지 않다고!

 왜 꼭 큰 소리로 말해야 해?

숲속의 동물 학교 '행복반'에는 여러 꼬마 동물들이 있어요.

꼬마 늑대 늑또리, 꼬마 너구리 너꼬미, 꼬마 곰 곰곰이, 꼬마 토끼 토비, 꼬마 스컹크 스뿡이, 꼬마 하늘다람쥐 하붕이.

이 꼬마 동물들이 사슴 선생님과 함께 숲속의 동물 학교에서 공부를 하지요.

'행복반'의 반장은 꼬마 늑대 늑또리예요. 늑또리는 '워우워우' 목청도 좋고 무엇이든 재빠르게 해내는 반장이에요. 그래서 늑또리는 개미 소리만큼 목소리가 작은 것을 싫어해요. 달팽이처럼 느릿느릿 행동하는 것도 싫어하고요.

국어 시간이었어요.

"친구들에게 들려주고 싶은 동시나 옛이야기가 있으면 누가 말해 볼까?"

사슴 선생님 말씀이 끝나자 꼬마 동물들이 서로 하겠다고 소란을 피웠어요.

"저요, 저요!"

늑또리는 자리에서 발딱 일어나 두 팔을 마구 흔들며 큰 목소리로 말했어요.

"선생님, 저요, 저요, 저요오!"

꼬마 토끼 토비는 길쭉한 두 귀를 팔랑팔랑 흔들며 소리쳤어요.

"토비요, 토비! 토비!"

"스뿡이, 스뿡이요!"

꼬마 스컹크 스뿡이는 고약한 방귀를 뿡뿡 뀌어 대며 선생님을 보았어요.

"아휴, 방귀 냄새. 선생님, 스뿡이 좀 혼내 줘요! 참, 저 하붕이가 먼저 할게요!"

꼬마 하늘다람쥐 하붕이는 여기저기로 붕붕 날아다녔어요.

"가장 먼저 손을 든 늑또리부터 해 볼까?"

"네, 선생님. 저는 동시 '엄마야 누나야 강변 살자'를 들려주고 싶어요. 제 마음 같아서 참 좋아요."

늑또리가 동시를 우렁차게 외우기 시작했어요.

**엄마야 누나야 강변 살자 / 뜰에는 반짝이는 금모래 빛
뒷문 밖에는 갈잎의 노래 / 엄마야 누나야 강변 살자**

동시를 외우는 늑또리 목소리가 아주 컸어요. 나무에서 잠자던 사슴벌레가 화들짝 놀라 깨어났어요. 땅속을 기어가던 지렁이는 천둥인가 싶어 땅 위로 머리를 내밀었고요.

'아, 크게 말하지 않아도 다 들리는데.'

꼬마 너구리 너꼬미가 귀를 살짝 막았어요.

"씩씩한 건 좋지만 늑또리 목소리는 너무 커."

꼬마 곰 곰곰이는 고개를 천천히 저으며 중얼거렸지요.

늑또리가 자리에 앉자 토비가 목청을 높여 "저요!"를 외쳤어요. 스뽕이, 하붕이도 마찬가지였고요.

"이번엔 토비가 발표해 볼까?"

"선생님, 저는 '젊어지는 샘물'이라는 옛이야기를 좋아해요."

토비가 목에 힘을 팍팍 주면서 우렁찬 목소리로 '젊어지는 샘물' 이야기를 했어요. 그런 토비의 뒤를 이어 스뿡이와 하붕이도 큰 목소리로 발표했어요. 스뿡이는 동시 '꽃밭에서'를 외웠고, 하붕이는 '선녀와 나무꾼'을 들려주었어요.

"너꼬미, 너도 하나 이야기해 보겠니?"

선생님 말씀에 너꼬미는 얼굴이 빨개진 채 가만히 있었어요. 친구들이 큰 소리로 마구 떠들었어요.

"너꼬미, 좋아하는 동시 하나만 외워 봐!"

"너꼬미, 너는 책 많이 읽잖아. 읽은 것 중에 하나만 들려줘!"

너꼬미는 고개를 푹 숙인 채 얼른 두 손으로 귀를 막았어요.

'애들아, 그렇게 크게 말하지 않아도 나는 다 들을 수 있어.'

너꼬미가 여전히 아무 말도 하지 않으니까 선생님이 다시 너꼬미를 불렀어요.

"너꼬미, 이야기하다 틀려도 괜찮아. 친구들이 잘 알아듣도록 자신 있게 큰 소리로 말해 보렴."

너꼬미가 그제야 입을 열었어요.

"선생님, 저는 '무얼 먹고 사나'라는 동시를 들려주고 싶어요."

너꼬미는 곧 '무얼 먹고 사나'를 천천히 읊기 시작했어요.

**바닷가 사람 물고기 잡아먹고 살고 / 산골엣 사람 감자 구워 먹고 살고
별나라 사람 무얼 먹고 사나**

너꼬미의 목소리는 크지 않았지만 개미 소리처럼 작지도 않았어요. 그래서 다시 잠이 든 사슴벌레도 잠을 깨지 않았어요. 땅속의 지렁이도 화들짝 놀라지 않았고요. 하지만 늑또리와 친구들은 너꼬미의 말을 제대로 알아듣지 못했어요. 마음의 귀를 기울여 듣지 않았거든요.

"너꼬미, 제발 큰 소리로 말하란 말이야!"
늑또리가 두 손으로 머리를 감싸며 목청을 높였어요.
"맞아, 너꼬미 목소리는 너무 작아서 들리지 않아."
하붕이가 너꼬미 주위를 붕붕 날아다니며 떠들어 댔어요.
"너꼬미에게 집중하면 들리는데 다들 왜 그런담?"
곰곰이가 머리를 흔들며 천천히 읊조렸어요.
"너꼬미, 발표할 때는 큰 소리로 해야 친구들이 알아들을 수 있단다. 큰 목소리로 다시 한번 말해 보겠니?"

선생님이 너꼬미에게 다정하게 부탁했어요.

"크게, 크게! 큰 소리로, 큰 소리로!"

늑또리와 친구들이 너꼬미를 향해 아우성을 쳤어요. 그 아우성에 떡갈나무 잎들이 깜짝 놀라 사사삭 몸을 떨었어요. 천천히 졸졸졸 흐르던 시냇물도 너무나 놀라 줄줄줄 재빨리 흘러갔고요.

"얘들아, 너희들이 아우성을 그치고 내 말에 귀 기울이면 좋겠어. 너희의 아우성에 놀라 나뭇잎들은 사사삭 몸을 떨고, 졸졸졸 시냇물은 줄줄줄 흘러갔어."

너꼬미가 얘기했지만 늑또리는 답답하다며 가슴을 쿵쿵 쳤어요.

"아휴, 뭐라는 거야. 큰 소리로 말해야 알아들을 것 아냐."

토비와 스뽕이와 하붕이도 소리를 질러 댔어요.

"안 들려, 안 들린다고!"

결국 선생님이 나섰어요.

"너꼬미가 몸이 좋지 않은 것 같으니 다음에 하자꾸나. 모두 교과서 119쪽을 보렴."

선생님 말씀에 따라 꼬마 동물들이 교과서를 펼쳤어요. 똑, 똑, 똑! 교과서 위로 너꼬미의 눈물방울이 떨어졌어요.

'아무도 내 말에 마음을 써 주지 않아. 내가 못나서 그런가?'

너꼬미는 눈물을 훔치며 생각해 보았어요.

'맞아, 목소리가 크지 않은 걸 보니 나는 못난이인가 봐.'

한편으로는 이런 생각도 들었어요.

'모두 목청이 클 수는 없어. 누구나 꼭 크게 말해야만 하는 것도 아니야.'

너꼬미는 친구들에게 간절한 눈빛으로 부탁했어요.

'내 작은 소리에 귀 기울여 줄래? 그러면 작은 소리도 들릴 거야. 내 귀에는 나뭇잎들의 속삭임과 벌레들의 노랫소리도 다 들리거든. 친구들아, 귀 기울여 주면 안 될까?'

땡땡땡! 학교 수업이 끝났어요. 늑또리가 너꼬미를 흘겨보고는 학교를 나섰어요.

"자그맣게 말하는 너꼬미만 생각하면 머리가 지끈거려. 너꼬미를 더는 그대로 둘 수 없어. 그래, 잘난 내가 부족한 너꼬미를 마음 써서 도와주고 보살펴야지, 뭐 어쩌겠어? 음. 너꼬미를 어떻게 배려하면 좋을까?"

늑또리가 빠릿빠릿하게 걷다가 손뼉을 짝 쳤어요.

"규칙을 만드는 거야! 언제든 누구든 큰 소리로 말하기! 이 규칙만 있으면 너꼬미도 결국에는 나처럼 목청 좋은 아이가 될 거야."

이튿날, 늑또리는 학교에 가자마자 선생님을 찾았어요.

"선생님, 발표할 때 너꼬미 목소리가 엄청 작아서 무슨 말을 하는지 알 수가 없어요. 그래서 선생님, 제가 너꼬미를 위해서 규칙을 하나 만들었어요."

늑또리가 스스로 규칙을 만들었다는 말에 선생님의 두 눈이 더

욱 반짝였어요.

"참으로 기특하구나. 친구를 위해서 규칙을 만들다니 말이야."

선생님은 스스로 무언가를 하려고 하는 늑또리를 듬뿍 칭찬해 주었어요.

"선생님, '언제든 누구든 큰 소리로 말하기' 규칙이에요. 이 규칙을 어기면 벌로 반성문 세 장을 쓰는 거예요."

늑또리가 이 규칙을 실행할지 안 할지는 학급 회의를 열어 결정하겠다고 했어요. 선생님은 씨익 웃더니 늑또리에게 이야기했어요.

"그래, 어떤 목표를 위해서 너희 스스로 규칙을 정하고 그걸 지키고자 애쓰는 것은 참으로 훌륭한 거지. 선생님은 지켜만 볼 테니까 알아서 잘하길 바란다."

늑또리는 선생님의 격려에 신이 나서 잘난 척했어요.

"선생님, 저는 행복반의 반장으로서 너꼬미를 180도 바꾸고 싶어요. 너꼬미가 이 규칙을 지키려고 애쓰다 보면 마침내 큰 소리로 발표하게 되겠죠? 그러면 너꼬미도 제가 만든 규칙 덕분에 행복해질 거예요."

늑또리가 어깨를 들썩이자 선생님은 말없이 방글방글 웃었어요.

"늑또리야, 친구들의 의견을 잘 듣고 모두가 행복한 우리 반을 만들어 보렴."

"고맙습니다, 선생님."

늑또리가 선생님에게 꾸벅 인사를 했어요.

'후훗, 난 정말 배려심도 많다니까.' 이렇게 생각하면서요.

'언제든 누구든 큰 소리로 말하기'

이 규칙 때문에 학급회의가 열렸어요. 토비가 길쭉한 두 귀를 팔랑거리며 찬성했어요.

"와우, 아주 마음에 드는 규칙이야. 이제 너꼬미도 큰 소리로 발표해야 해."

스뿡이는 기쁨의 방귀를 뿡뿡 뀌면서 떠들었어요.

"찬성! 너꼬미가 작은 소리로 말할 때마다 답답했는데 이 규칙 정말 좋아."

하붕이도 이리저리 붕붕 날아다니며 좋다고 말했어요.

"그동안 너꼬미의 작은 목소리에 속이 뻥 터질 뻔했어. 앞으로 우리 반은 모두모두 씩씩하게 큰 소리로 말하는 최고의 반이 될 거야."

늑또리와 토비와 스뿡이와 하붕이는 한마음이 되어 기뻐했어요. 하지만 곰곰이는 두 눈이 튀어나올 만큼 놀랐어요.

'언제든 누구든 큰 소리로 말하기? 이걸 우리 반의 규칙으로 삼겠다고?'

곰곰이가 천천히 머리를 흔들었어요.

'세상에, 이 규칙은 너꼬미에게는 폭력과 같아. 원래부터 목소리가 작은 너꼬미를 전혀 배려하지 않고 있잖아.'

곰곰이가 속상해서 너꼬미를 보았어요. 너꼬미는 얼굴이 빨개진 채 말없이 있었어요.

'왜 언제나 누구나 큰 소리로 말해야 하는 거지?'

너꼬미는 이 규칙이 옳지 않다고 생각했어요.

'나는 큰 목소리로 말하기 힘들어. 또 나는 친구들이 크게 말하지 않아도 다 알아듣는단 말이야. 이 규칙은 나와 다른 누군가를 배려해 주지 않는 나쁜 거야.'

너꼬미는 슬프고 답답해서 깊은 한숨만 내쉬었어요.

"나는 이 규칙이 좋지 않다고 생각해."

곰곰이가 천천히 반대표를 던졌어요. 너꼬미도 작은 소리로 찬성하지 않는다고 했어요. 하지만 이미 찬성표가 4표였기에 곰곰이와 너꼬미의 반대는 힘을 얻지 못했지요.

'언제든 누구든 큰 소리로 말하기.'

결국 이 규칙은 '행복반'의 모두가 지켜야 할 새 규칙으로 자리 잡았어요.

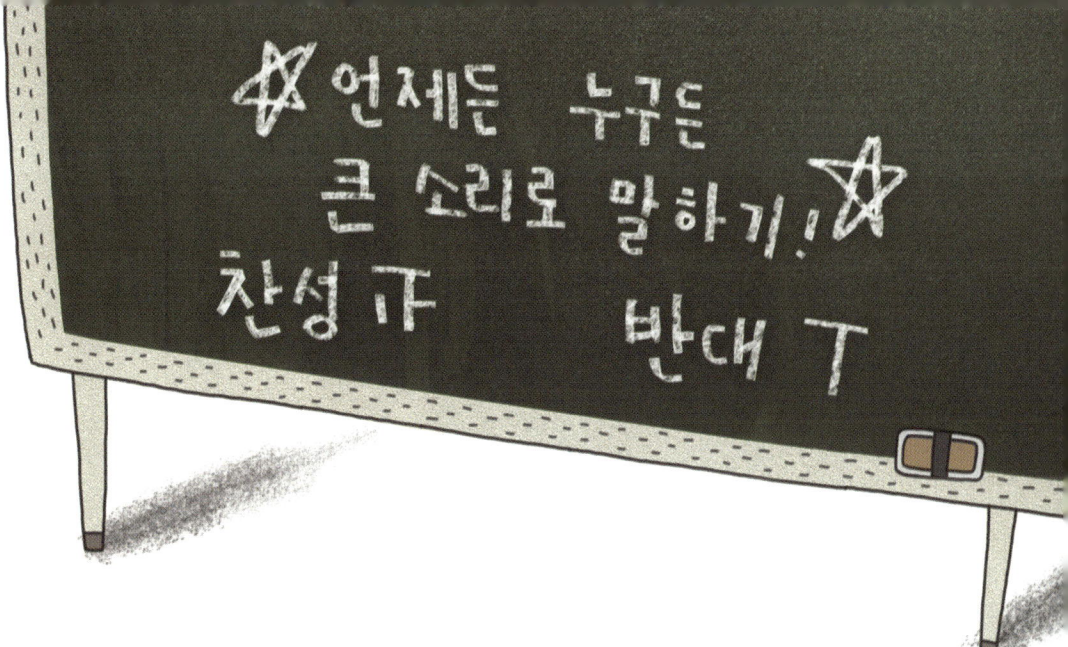

사람은 혼자 살아갈 수 있을까?

당연히 혼자 살 수 없죠.
어려울 땐 서로 도와 가며
살아야 해요.

얘들아, 너희들은 혼자 방 안에서 며칠 동안 지낼 수 있을 것 같니?

매일 게임하고, 배달 음식 시켜 먹고 그러면 한 달도 지낼 수 있을 것 같은데요?

만약 무인도에 혼자 있다고 생각해 보렴.

선생님, '혼자'라는 것이 정확히 어떤 말인가요?

그럼 다시 생각해 볼게요. 저는 겨우 하루 견딜 수 있을 것 같은데요?

저는 혼자 밥 먹는 것도 별로 좋아하지 않아요.

인간은 태어나는 순간부터 죽을 때까지 계속해서 누군가와 관계를 맺고 살아가는 존재란다. 혼자서 살기에는 부족함이 많은 존재지. 그래서 인간은 서로 도우며 살아가는 것이란다.

인간은 사회적 동물

인간이 서로 도우며 살아가는 존재라고 말한 철학자는 누구인지 알아보자꾸나.

아리스토텔레스

고대 그리스의 철학자 아리스토텔레스(기원전 384~기원전 322)는 『정치학』에서 "인간은 정치적 동물이다."라는 표현을 썼단다.

그 후 고대 로마 제국의 정치인이었던 세네카(기원전 4~65)라는 사람이 아리스토텔레스의 책 『정치학』을 읽고, 그리스어로 쓰인 책을 라틴어로 번역했지. 이 과정에서 "인간은 사회적 동물이다."라는 문장으로 번역되었다는구나. 이 문장은 인간의 특성을 설명하는 표현으로, 우리가 한 사람씩 개인으로 살아가고 있는 것처럼 보여도 인간은 공동체를 형성해서 서로 도우며 살아갈 수밖에 없는 존재라는 것을 잘 보여 주고 있단다.

우리 공동체!

사전에서 '배려'라는 단어를 찾아보면
'도와주거나 보살펴 주려는 마음'이라고
뜻풀이가 되어 있단다.

'배려'는 본래 한자어로 이뤄진 단어야. '배(配)'라는 글자는 고대 중국에서 항아리 안에 들어 있는 술이 잘 익고 있는지를 꼼꼼히 살피는 모습을 표현한 것이라고 해. '려(慮)'라는 글자는 잘 보면 '마음'을 의미하는 글자인 '심(心)' 위에 '빙빙 돈다.'는 뜻을 나타내는 글자 '로(盧)'가 올라와 있지. 무엇인가를 곰곰이 생각하는 마음씨를 표현하는 글자가 바로 '려(慮, 생략형)'라는 한자인 셈이란다. 즉, **배려란 깊이 생각하고 꼼꼼하게 살피는 마음씨를 일컫는 말이야.**

천천히 해도 하늘은 무너지지 않아

국어 시간이었어요. 흉내 내는 말을 넣어 글을 지은 뒤 발표하기로 했어요.

사슴 선생님이 칠판에 흉내 내는 말 여섯 개를 적어 주었어요.

나풀나풀, 뿅, 살랑살랑, 쨍그랑, 초롱초롱, 쿵더쿵쿵더쿵.

꼬마 동물들이 부지런히 짧은 글을 짓고는 '저요, 저요!' 외치기 시작했어요.

"토비부터 발표해 볼까?"

"선생님, 저는 '쿵더쿵쿵더쿵'을 넣고 글을 썼어요. '힘이 센 꼬마 토끼 토비가 달나라에서 쿵더쿵쿵더쿵 떡방아를 찧어요.' 잘 지었죠, 선생님?"

토비가 큰 소리로 발표를 마치고 자리에 앉았어요.

"그래, 잘 지었구나. 우리 토비가 떡방아를 찧어서 만든 떡, 아주 맛있겠다."

선생님이 방긋 웃었어요. 이번에는 하붕이가 목청을 높이고 발표했어요.

"꼬마 하늘다람쥐 하붕이처럼 예쁜 나비가 나풀나풀 하늘을 날아다녀요."

때마침 꽃잎 위에서 쉬고 있던 나비 한 마리가 하붕이를 향해 나풀나풀 날아왔어요. 그때 꼬마 곰 곰곰이가 손을 들더니 발표했어요.

"우리 친구 하붕이의 귀여운 눈은……."

곰곰이가 아직 말을 다 끝내지 않았는데 늑또리와 친구들이 아우성을 쳤어요.

"아휴, 답답해. 빨리 좀 말해."

친구들이 아우성을 쳐도 곰곰이는 천천히 말을 이어 갔어요.

"별처럼 초롱초롱 반짝이지요."

짝짝짝! 갑자기 하붕이가 헤헤 웃으며 손뼉을 쳤어요. 곰곰이가 자신의 눈을 귀엽다고 하고 별처럼 초롱초롱 빛난다고 말했기 때문이었어요.

"하붕이 너, 곰곰이가 느릿느릿 말했는데도 박수를 보내?"

"하붕이 너, 실망이다. 곰곰이가 느림보라 답답하다며? 그런데 네 눈을 칭찬하니까 마음이 바뀐 거야?"

"느림보 곰곰이도, 변덕쟁이 하붕이도 다 실망이야."

늑또리와 토비와 스뿡이가 머리를 절레절레 흔들었어요.

'곰곰이는 느린 게 아닌데 왜 모두들 느리다고 야단일까? 곰곰이는 늑또리만큼 빠르지 않을 뿐 자신에게 딱 알맞은 속도로 말하는 거잖아.'

너꼬미도 머리를 절레절레 흔들었어요.

점심시간이 찾아왔어요. 모두들 콧노래를 부르며 점심을 먹기 시작했어요.

냠냠 쩝쩝! 냠냠 쩝쩝!

숲속 나무 사이로 즐거운 소리가 퍼져 나갔어요. 파란 하늘의 구름들이 냠냠 쩝쩝 소리를 따라 두둥실 흘러갔어요. 풀잎들을 어루

만지던 바람도 냠냠 쩝쩝 소리를 타고 살랑살랑 춤을 추었지요.

'나는 점심시간이 정말로 좋아!'

곰곰이가 밥알을 천천히 꼭꼭 씹어 먹고는 웃었어요. 밥알에서 나오는 달짝지근한 맛에 온몸이 바르르 떨릴 만큼 행복했어요. 곰곰이가 이번에는 취나물을 한 젓가락 집어 입에 넣었어요.

'아, 향긋해! 싱그러운 봄이 가득 차는 느낌이야.'

취나물 향기와 고소한 참기름 맛이 한데 어울려 맛이 아주 좋았어요. 곰곰이는 취나물을 천천히 꼭꼭 씹어 먹었어요.

곰곰이가 오이냉국을 떠서 막 먹으려는 때였어요.

"곰곰이 너, 아직도 밥 먹고 있어? 우아, 느려도 너무 느리다."

늑또리가 곰곰이를 흘겨보았어요.

"어머, 아직 반도 안 먹었네? 곧 체육 수업인데 어쩌려고 그래?"

토비가 입을 떡 벌렸어요.

"빨리 좀 먹어! 곰곰이 너 때문에 다음 수업이 늦어지잖아!"

스뿡이가 방귀를 뿡뿡 뀌면서 고약한 냄새를 곰곰이에게 보냈어요.

"곰곰이야, 목소리 작은 너꼬미도 거의 다 먹었어!"

하붕이도 곰곰이를 몰아붙였어요. 그럼에도 곰곰이는 오이냉국을 천천히 먹었어요. 사각사각 씹히는 오이 느낌이 퐁퐁 솟는 샘물 같았어요.

"곰곰아, 빨리 좀 먹으라고!"

늑또리와 친구들이 아우성을 쳤어요.

"곰곰이는 너희들처럼 빠르지 않아. 자신에게 딱 좋은 속도로 먹잖아. 그런 곰곰이를 왜 재촉하는 거야?"

보다 못한 너꼬미가 입을 열었어요. 여전히 너꼬미 목소리는 크지 않았고, 여전히 늑또리와 친구들은 그 말을 못 알아들었어요. 너꼬미 말을 이해한 건 곰곰이뿐이었지요.

곰곰이가 너꼬미를 향해 씩 웃은 뒤 친구들에게 말했어요.

"나는 원래부터 빨리빨리 하지 못해. 내가 천천히 밥을 먹어도 하늘은 절대 무너지지 않아."

결국 '행복반'은 체육 수업이 조금 늦어지고 말았어요.

"이런, 곰곰이가 아직 점심을 다 못 먹었구나. 우리 곰곰이가 밥을 다 먹을 때까지 조금만 기다리자꾸나."

체육 수업을 맡은 호랑이 선생님이 곰곰이를 배려해 주었어요.

"싫어요, 선생님. 곰곰이는 빼놓고 수업해요!"

체육을 좋아하는 늑또리가 짜증이 잔뜩 묻은 얼굴로 외쳤어요.

"맞아요, 늑또리 말대로 해요!"

토비와 스뿡이와 하붕이가 늑또리 편을 들었어요.

"아니, 조금만 기다리자. 곰곰이는 너희만큼 재빠르지 않다는 것, 너희도 알잖니? 그러니까 너희가 재빠르지 못한 곰곰이를 기다려 줘야지."

내 소중한 체육!

호랑이 체육 선생님이 부드러운 목소리지만 엄한 태도로 이야기했어요. 늑또리와 친구들은 입을 꾹 다물었어요.

잠시 뒤 체육 수업이 시작되었지만 늑또리는 기분이 좋지 않았어요.

'곰곰이 진짜 나빠! 내 소중한 체육 시간을 빼앗았어.'

늑또리가 곰곰이를 째려보았어요. 곰곰이도 늑또리의 못마땅한 눈길을 눈치챘고요.

'늑또리와 친구들은 왜 모든 걸 빨리빨리 해야 한다고 생각할까? 천천히 한다고 해서 이 세상이 사라지는 건 아니잖아?'

그러면서도 곰곰이 마음 한편에서는 슬픔이 성난 파도처럼 철썩거렸어요.

'나는 친구들에게 피해만 끼치는 나쁜 아이인가? 나는 친구들을 괴롭히며 살고 싶지 않아. 그런 삶은 고약한 냄새 같은 거잖아.'

곰곰이 얼굴 가득 서러움의 그림자가 내려앉았어요. 늑또리는 그런 곰곰이의

마음도 모른 채 입을 삐죽이며 다짐했어요.

'곰곰이를 바꿔 놓아야겠어. 음, 어떻게 하면 좋을까?'

늑또리는 모든 수업이 끝난 뒤 담임인 사슴 선생님을 만났어요.

"선생님, 곰곰이는 말할 때나 밥 먹을 때 너무 느려요."

늑또리가 언짢은 표정으로 투덜거렸어요.

"곰곰이가 늑또리 너만큼 빠르지는 않지."

선생님이 씨익 웃으며 늑또리의 다음 말을 기다렸어요.

"곰곰이는 오늘 체육 시간에도 말썽을 일으켰어요. 점심을 어찌나 느릿느릿 먹던지 체육 수업을 한참이나 늦게 시작했거든요. 그래서 친구들이 모두 짜증을 냈고요."

늑또리는 약간의 과장을 섞어서 말했어요.

"선생님, 제가 곰곰이를 위해서 새 규칙을 만들었어요. '무슨 일이든 빠르게 하기'이거예요. 이 규칙을 어기면 역시 반성문 세 장을 쓰는 거고요."

늑또리가 이번에도 새 규칙을 실행할지 안 할지는 학급 회의에서 결정하겠다고 했어요. 선생님은 씨익 웃더니 대답했지요.

"그래, 선생님은 너희들 스스로 뭔가를 결정하고 실천하는 모습을 좋은 마음으로 지켜볼 거니까 잘해 보렴."

늑또리는 선생님의 응원에 신이 나서 또다시 잘난 척했어요.

"선생님, 곰곰이가 새 규칙을 지키려고 노력하다 보면 마침내 빨리빨리 행동하게 되겠죠? 그러면 곰곰이도 제가 만든 규칙 덕분에 행복해질 거예요."

"늑또리야, 이번에도 친구들 의견 잘 듣고 결정하렴."

"고맙습니다, 선생님."

늑또리가 선생님에게 꾸벅 인사했어요. '히힛, 난 정말 배려심이 많다니까.' 이렇게 생각하면서요.

새 규칙 때문에 학급 회의가 또 열렸지요. 토비가 깡충깡충 뛰며 찬성표를 던졌어요.

"괜찮은 규칙인걸! 곰곰이, 너도 우리처럼 이젠 말도 빠르게 하고 밥도 빨리 먹으렴."

스뿡이는 다른 때보다 더 빨리 방귀를 뿡뿡 뀌어 댔어요.

"좋아! 곰곰이 네가 느릿느릿 움직일 때면 무척 한심해 보였는데 정말 잘됐어. 너는 앞으로 느림보 곰곰이에서 날쌘돌이 곰곰이로 변신하는 거야."

하붕이도 잘됐다며 이쪽저쪽으로 날래게 붕붕 날아다녔어요.

"그동안 느림보 곰곰이 때문에 속이 터질 뻔했어. 이제 우리 반은 모두 재빠르고 날랜 학생들만 모인 최고의 반이 될 거야."

늑또리와 토비와 스뿡이와 하붕이가 서로 손바닥을 마주치며 좋아했어요.

하지만 너꼬미는 마음이 언짢았어요.

'무슨 일이든 빠르게 하기? 이걸 우리 반의 또 다른 규칙으로 삼고 그 규칙을 어기면 반성문을 쓰라고? 말도 안 돼! 이 규칙은 곰곰이에게는 무서운 폭력이야. 원래부터 말도 행동도 천천히 하는 곰곰이를 전혀 배려하지 않은 거니까.'

너꼬미가 크게 한숨을 쉬었어요. 곰곰이 역시 휴, 한숨을 내뿜었지요.

'왜 무슨 일이든 빠르게 해야 하는 거지? 왜 말도 빠르게, 밥 먹는 것도 빠르게 해야 해? 나는 그렇게 하기 힘들어. 친구들이 그 사실을 인정해 주면 좋겠어.'

곰곰이는 자신과 다른 누군가를 배려하지 않는 이 규칙이 옳지

않다고 생각했어요.

"나는 이 규칙이 잘못되었다고 생각해."

너꼬미가 작은 목소리로 반대표를 던졌어요. 곰곰이도 찬성하지 않는다고 천천히 말했어요. 그렇지만 벌써 찬성표가 4표 나왔기에 너꼬미와 곰곰이의 반대는 아무 힘도 쓰지 못했지요.

'무슨 일이든 빠르게 하기.'

이 규칙은 행복반에서 두 번째 규칙으로 자리를 잡았어요.

'언제든 누구든 큰 소리로 말하기.'

'무슨 일이든 빠르게 하기.'

이 규칙들은 너꼬미와 곰곰이가 지키기에는 어려웠어요. 그래서 너꼬미와 곰곰이는 매번 반성문을 세 장씩 썼어요.

"늑또리처럼 목소리를 크게 내려고 애썼지만 안 됐어. 난 어떻게 해야 하지?"

너꼬미는 반성문을 억지로 쓸 때마다 중얼거렸어요.

"친구들처럼 빠르게 말하고 빠르게 밥을 먹으려고 노력했지만 되지 않았어. 나는 어쩌면 좋지?"

곰곰이도 반성문을 억지로 쓸 적마다 중얼거렸지요.

너꼬미와 곰곰이는 두 가지 규칙 때문에 슬프고 괴로웠어요. 늑또리와 친구들이 아우성을 칠 때면 학교에 오기가 싫어졌어요. 그뿐만이 아니었어요.

'나는 우리 반에 필요 없어. 나는 하찮은 아이인 게 분명해.'

이 생각이 너꼬미와 곰곰이의 어깨를 마구 짓눌렀어요.

인문철학 왕 되기

일상에서 배려는 어떻게 이루어질까?

배려는 쉬운 듯 어려운 것 같아요.
내가 배려 있게 행동한 게
상대방을 기분 나쁘게
할 수도 있잖아요.

평소 우리가 '배려'라는 단어를 어떻게 쓰고 있는지 함께 생각해 보자꾸나.

지하철에 '임산부 배려석'이라는 스티커가 붙어 있었는데, 엄마가 그 자리는 임신한 사람을 위해 비워 두는 자리라고 하셨어요.

어떤 친구가 교실 문을 발로 쾅 차고 들어오는 바람에 뒤따라오던 친구가 문에 얼굴을 부딪힐 뻔했어요. 담임 선생님이 크게 혼을 내시면서 "친구를 배려하면서 행동해야지!"라고 하셨어요.

저는 공익 광고 포스터에서 배려라는 단어를 가끔 보았어요.

나의 말이나 작은 행동이 누군가에게 큰 영향을 줄 수 있다는 점을 깨닫고, 서로 조금씩만 배려하면 좀 더 살기 좋은 세상이 될 거야.

배려가 중요한 까닭은?

배려 윤리란 무엇일까?

윤리란 우리가 어떤 판단을 내리고 행동을 할 때 마땅히 지켜야 할 올바른 방향을 뜻하는 말이란다. 예전에 윤리학을 연구하는 학자들은 이 사회를 살아가는 사람들이 어떤 강력한 **원칙에 따라 각자 올바른 행동을 한다면, 이 세상은 정의로움으로 가득할 것**이라고 생각했어. 물론 규칙이나 원칙을 지키면서 정의롭게 살아가는 것도 중요해.

하지만
도덕적으로 더욱 중요한 것은
사람과 사람이 서로의 감정을 이해하고,
서로 배려하며 살아가려는 마음이란다.

배려와 관련된 명언

2013 공익광고 공모전 출품작품

발소리는 콩콩콩! 음악소리는 크지 않게! 세탁기는 밝은 낮에만!

집에서도 매너모드가 필요합니다

공공장소에서만 매너모드가 필요한 것이 아닙니다.
모두가 함께 사는 집에서도 배려가 필요합니다.
함께하는 배려가 높아질수록 소음은 낮아집니다.

이 캠페인은 서로서로의 배려로 만들어지는 '층간 소음을 줄이기 캠페인'입니다.

> 남을 배려하는 사람은 반드시 사랑을 받고, 남을 증오하는 자는 반드시 미움을 받는다.
> — 묵자(墨子, 중국 춘추 전국 시대 사상가)

> 베풀 줄 모르는 사람은 타인이 베풀어 주는 배려를 받을 자격이 없다.
> — 영국 속담

> 먼저 양보하고, 먼저 배려하는 사람이 결국 더 많은 것을 얻게 된다.
> — 애덤 그랜트(Adam Grant, 미국의 심리학자)

"너무 가난해서 엄마와 아이들이 쫄쫄 굶고 있거든. 너무 마음이 아파!"

"왕자님, 최고! 이제 배불리 먹을 수 있다!"

"세상에! 고맙습니다, 왕자님."

"행복한 왕자님이 주는 선물이에요."

만세 만세

"좋아요, 오늘 밤만 왕자님의 심부름을 할게요. 딱 오늘만이에요."

"왕자님, 가난한 엄마에게 전해 줬어요. 잘했죠?"

"그래, 참 잘했어. 고맙다, 제비야."

"왕자님, 이상해요. 날은 추운데 내 마음은 아주 따뜻해졌어요."

"그건 네가 착한 일을 했기 때문이지."

"음, 제비야. 부탁 하나만 더 해도 될까?"

"어쩌죠, 왕자님. 이제는 남쪽 나라로 떠나야 해요."

"아, 그렇구나. 그런데 좁은 다락방에서 며칠을 굶은 채 글을 쓰는 젊은이가 있단다."

"쯧쯧, 너무 가여운 젊은이네요."

"왕자님, 설마!"

"내 두 눈에 박힌 사파이어 보이지?"

흠

"맞아! 제비야, 내 눈의 사파이어 하나를 그 젊은이에게 갖다 주면 좋겠구나."

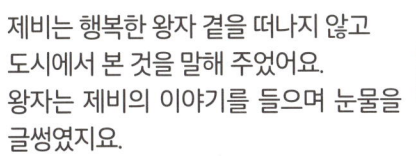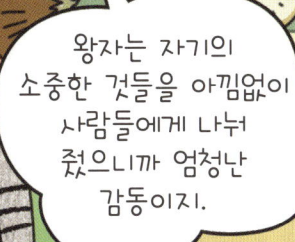

입장 바꿔 생각해 봐!

어느 날이었어요. 집으로 가던 너꼬미가 곰곰이에게 물었어요.

"곰곰이 너는 학교에 오는 게 좋아? 나는 정말 싫어."

"너꼬미, 나도 학교 오기 싫어. 학교에 오면 내가 한심하다는 생각만 들거든."

곰곰이가 마음에 담아 두었던 말을 꺼냈어요.

"곰곰이 너도 나랑 같은 생각이구나. 곰곰이야, 우리 계속 이렇게 살 수는 없지 않아?"

"그건 나도 그래. 너꼬미, 무슨 좋은 생각이라도 있는 거야?"

곰곰이가 두 눈을 깜박거리며 너꼬미를 보았어요.

"여우 할머니를 찾아가자. 마법사니까 우리를 도와주실 거야."

"아, 왜 그 생각을 못 했지? 그래, 여우 할머니에게 가자!"

너꼬미와 곰곰이는 발길을 돌려 숲속으로 들어갔어요. 마법사 여우 할머니 집에 가려면 아홉 개의 고개를 넘고 아홉 개의 시내를 건너야 했어요. 너꼬미와 곰곰이는 발 맞추어 천천히 걸으며 아홉 개의 고개를 넘고 아홉 개의 시내도 건넜어요.

"다 왔다! 저기 저 커다란 집이야."

너꼬미가 담쟁이 잎들이 에워싸고 있는 여우 할머니의 집을 가리켰어요. 너꼬미와 곰곰이는 집 앞으로 한 발 두 발 다가갔어요.

"어서 들어오렴. 기다리고 있었단다."

안에서 여우 할머니의 목소리가 울려 나왔어요. 곧이어 문을 뒤덮고 있던 담쟁이 잎들이 양쪽으로 쫙 갈라지더니 끼이익, 문이 열렸어요.

여우 할머니의 집 안 한가운데에는 나이가 천 살도 넘은 나무가 천장을 뚫고 서 있었어요. 눈부신 햇살이 그 틈새로 쏟아져 들어와 집 안이 환했어요. 또한 곳곳에 하얀 꽃, 노란 꽃, 분홍 꽃, 빨간 꽃, 보랏빛 꽃, 검은 꽃들이 피어 있었지요.

여우 할머니는 오래된 나무 옆에 앉아 있었어요. 너꼬미와 곰곰이는 여우 할머니 앞에 마주 앉았어요.

"반갑구나! 그래, 무슨 일로 나를 찾아온 거지? 큰 소리로 말하거나 빠르게 말하지 않아도 되니 마음 편히 이야기하렴."

자신들을 배려해 주는 여우 할머니의 말에 너꼬미와 곰곰이의 가슴이 따뜻해졌어요.

"저는 큰 소리로 말하지 못한다고 친구들의 따가운 눈총 속에서 지내요. 그러다 보니 제가 소중한 아이라는 믿음 대신 쓸모없는 애라는 생각만 들어서 견딜 수가 없어요."

너꼬미의 뒤를 이어 곰곰이도 한마디 했어요.

"저도 그래요. 말과 행동이 느리다고 핀잔을 들어요. 사실 천천히 하는 건데 구박을 받지요. 저도 제가 왜 사나 싶어요."

고개를 끄덕이던 여우 할머니가 다시 물었어요.

"그래서 내가 무얼 해 주길 바라지?"

"마법사이시니 저의 작은 목소리를 크게 해 주시면 좋겠어요. 늑또리만큼만 목소리가 커지면 행복하게 학교 다닐 수 있을 것 같아요."

너꼬미가 냉큼 말했어요.

"저는 늑또리만큼 빨리 말하고 빨리 밥 먹을 수 있으면 좋겠어요."

곰곰이도 자기 소원을 말했어요.

"좋아, 너희가 원하는 대로 해 주마. 그런데 나중에 후회할지도 모르는데 괜찮겠니?"

여우 할머니가 말을 끝내자마자 너꼬미와 곰곰이가 외쳤어요.

"괜찮아요!"

"알았다. 자, 마음에 드는 꽃을 한 송이만 따서 내게 주렴."

여우 할머니가 배시시 웃으며 말했어요. 먼저 너꼬미가 검은 빛깔의 장미 한 송이를 따서 내밀었어요. 기다렸다는 듯 여우 할머니가 검은 장미꽃 위로 눈부신 햇살을 좌르르르르 뿌려 줬어요. 그 순간 꽃은 사라지고 검은색 약이 담긴 약병이 나타났어요.

이번에는 곰곰이가 별 수국 한 송이를 땄어요. 너꼬미의 검은 장미처럼 검은 빛깔의 별 수국이었어요.

좌르르르르! 마법사 여우 할머니가 눈부신 햇살을 뿌려 주자 곰곰이의 별 수국도 검은색 약이 담긴 약병이 되었어요.

"너꼬미, 곰곰이. 오늘 밤 잠들기 전에 그 약을 마시면 너희가 원하는 대로 될 거야."

너꼬미와 곰곰이가 인사를 하고 여우 할머니 집을 막 나왔을 때예요. 여우 할머니의 노랫소리가 귓가에 날아들었어요.

"어느 꽃은 크고 어느 꽃은 작고, 어느 꽃은 강하고 어느 꽃은 약하지. 그렇기에 나는 네가 되고 너는 내가 되어 서로 돕고 보살피며 더불어 살아가는 꽃, 꽃, 꽃들."

그날 밤, 너꼬미와 곰곰이는 마법의 약을 꼴깍꼴깍 마셨어요. 너꼬미와 곰곰이가 약을 다 마시자마자 약병은 피비빗 별똥별처럼 모습을 감추었어요.

이튿날이에요. 좋아하는 것을 소개할 차례가 된 너꼬미가 자리에서 일어났어요.

"저는 『하얀 마음 백구』에 나오는 백구를 소개하려고 합니다."

너꼬미가 겨우 한 문장을 말했을 뿐인데 행복반 모두의 입이 떡 벌어졌어요.

"쟤 너꼬미 맞지? 우아, 갑자기 천둥과 친구가 됐나 봐!"

"우리 반의 일등 목소리인 늑또리 목소리보다도 더 크다!"

사슴 선생님을 비롯해 모두 깜짝 놀랐어요. 사실 너꼬미도 엄청 놀랐지만 아무렇지도 않은 듯 이야기를 계속했어요.

"저는 어려운 상황에서도 용기와 희망을 잃지 않은 백구를 본받고 싶어요."

쩌렁쩌렁 울리는 너꼬미 목소리에 지나가던 바람이 놀라서 휘잉 재채기를 했어요. 흘러가던 구름도 화들짝 놀라 얼떨결에 해님 뒤로 숨어 버렸고요.

너꼬미는 선생님과 친구들의 놀란 모습을 보자 뿌듯했어요.

'역시 여우 할머니는 훌륭한 마법사야. 이제는 아무도 나를 흉보지 않겠지? 그런데 목소리가 너무 커. 늑또리보다도 크잖아.'

너꼬미는 목소리가 지나치게 커진 것이 마음에 걸렸어요. 하지만 늑또리가 입을 떡 벌리고 놀라다가 귀를 막고 머리를 흔드는 걸 보니 차라리 잘되었다 싶었어요.

'그래, 늑또리에게 큰소리치고 흉볼 기회가 온 거야. 좋아, 그대로 갚아 줘야지.'

너꼬미에 이어 곰곰이가 소개하고 싶은 과학자를 발표했어요.

"저는 노벨 물리학상과 노벨 화학상을 받은 과학자 마리 퀴리를 소개하고 싶어요."

곰곰이가 빠르게 거침없이 이야기를 시작했어요.

"엇, 갑자기 곰곰이까지 왜 저래? 이상해! 반성문 덕분인가?"

"쟤, 느림보 곰곰이 맞아? 언제 어떻게 날쌘돌이가 된 거지?"

선생님과 친구들이 입을 떠억 벌리고 고개를 갸웃거렸어요. 너꼬미, 그리고 곰곰이도 놀라긴 마찬가지였어요.

그리고 그날 점심시간이 찾아왔어요.

냠냠 쩝쩝! 냠냠 쩝쩝! 점심을 먹는 곰곰이의 손과 입이 재빠르게 움직였어요. 곰곰이는 금세 밥을 다 먹어 버렸어요.

"일등이다!"

곰곰이가 만세를 부르며 기뻐했어요. 한편으로는 말과 행동이 늑또리보다도 훨씬 빨라진 게 마음에 걸렸지만요.

"와, 늑또리보다도 빨라! 정말로 대단하다. 곰곰이 최고!"

"곰곰이랑 너꼬미랑 이제 반성문 안 써도 되겠다."

토비와 스뿡이와 하붕이는 곰곰이가 부러워서 한마디씩 했어요. 늑또리는 180도 바뀐 너꼬미와 곰곰이를 보니 잘됐다 싶었어요. 그런데 마음 한구석에서는 화도 나고 질투도 났어요.

'너꼬미와 곰곰이에게 일등을 빼앗기다니, 말도 안 돼!'

학급 회의에서 결정된 규칙들 때문에 힘들어하던 너꼬미와 곰곰이가 달라졌어요. 그렇다면 이제 행복반의 꼬마 동물들은 모두 행복할까요? 아니요, 전혀 아니었어요.

"아휴, 뭐라고 말한 거야? 제발 큰 소리로 말하란 말이야! 반성문 쓰고 싶어?"

너꼬미가 자기보다 소리가 작은 늑또리와 토비와 스뿡이와 하붕이를 비웃기 시작한 거예요.

"늑또리, 토비, 스뿡이, 하붕이. 너희 왜 나보다 천천히 말하고 천천히 먹는 거야? 그렇게 느릿느릿 말하고 느릿느릿 먹으면 반성문 써야 하는 것 알지?"

곰곰이 역시 늑또리와 친구들을 향해 코웃음을 치기 시작했고요. 너꼬미와 곰곰이가 고약해질 거라고 생각 못 했던 늑또리와 친구들은 처음엔 이게 뭔 일이야 했어요. 그러다가 너꼬미와 곰곰이가 계속 큰소리를 치자 더는 참지 않았어요.

"너꼬미, 곰곰이. 너희 진짜 웃긴다. 내가 왜 너보다 목소리가 작다고 그래? 나도 너만큼 목소리 크다고!"

"너꼬미와 곰곰이, 까불지 마라. 내가 얼마나 재빠르게 행동하는데 나보고 느림보라고 비웃어?"

늑또리와 친구들은 너꼬미와 곰곰이보다 더 목청 높여 소리 지르고 더 빨리빨리 행동하려고 기를 썼어요. 물론 생각대로 되지는 않았지만요. 이러다 보니 행복반은 며칠 사이 시끌시끌 야단이 나고 말았어요.

"얘들아, 너꼬미와 곰곰이에게 우리가 더 강하다는 걸 보여 주자! 그러려면 마법사 여우 할머니의 도움이 필요해."

늑또리가 여우 할머니 이야기를 꺼내자 친구들이 좋다고 했어요. 늑또리와 토비와 스뽕이와 하붕이는 당장 아홉 개의 고개를 넘고 아홉 개의 시내를 건넜어요.

"와, 오래된 나무가 천장을 뚫고 서 있어!"

"세상에, 별똥별들이 바닥에 쫙 깔려 있잖아!"

여우 할머니의 집 안으로 들어선 늑또리와 친구들이 신기해했어요. 그러더니 서둘러 여우 할머니 앞에 앉았어요.

"오, 천둥보다 큰 목소리에 번개보다 빠른 몸으로 바뀌고 싶단 말이구나. 좋아, 그렇게 해 주마. 마음에 드는 별똥별을 하나씩 주워서 내게 주렴."

여우 할머니의 말이 끝나기 무섭게 늑또리와 토비와 스뽕이와 하붕이가 냉큼 별똥별을 한 개씩 주웠어요.

여우 할머니가 늑또리와 토비와 스뽕이와 하붕이의 별똥별 위에 은은한 달빛을 촤르르 뿌려 주었어요. 그러자 별똥별들은 사라지고 반짝반짝 빛나는 약이 담긴 약병이 나타났어요.

"오늘 잠들기 전 약을 마시면 너희가 원하는 대로 될 거야."

그날 밤, 늑또리와 토비와 스뽕이와 하붕이는 잠들기 전에 꼴깍꼴깍 마법의 약을 마셨어요. 약을 다 마시자마자 약병은 파사삭 먼지가 되어 사라졌고요.

다음 날이에요.

"좋아하는 시를 읽고 떠오르는 장면을 말해 볼까? 늑또리부터 해 보자."

늑또리가 너꼬미와 곰곰이를 향해 히죽 웃더니 자리에서 씩씩하게 일어섰어요. 늑또리가 들려준 시는 '감자꽃'이었어요.

"자주꽃 핀 건 자주 감자 / 파 보나 마나 자주 감자."

늑또리 목소리는 개미 소리만큼이나 작았어요.

천둥보다 큰 소리를 기대하던 토비와 스뿡이와 하붕이가 늑또리에게 외쳤어요.

"늑또리, 제대로 말해. 마법의 힘을 보여 주라고!"

토비와 스뿡이와 하붕이의 외침도 개미 소리 같았어요. 당황한 스뿡이가 방귀를 뀌며 목에 힘을 팍팍 주고 소리쳤어요.

"분명 여우 할머니가 천둥보다 큰 목소리라 그랬는데!"

아, 스뿡이의 소리도 귀를 기울이지 않으면 알아들을 수 없을 만큼 작았어요.

"푸하하! 너희 뭐 하는 거야? 제발, 제발 큰 소리로 말하라고. 언제든 누구든 큰 소리로 말하기! 이 규칙 몰라?"

"너희들 반성문 세 장씩 써야겠네. 축하해!"

너꼬미와 곰곰이가 천둥 같은 목소리로 늑또리와 친구들을 약 올렸어요.

점심시간이 찾아왔지만 늑또리와 토비와 스뻥이와 하붕이는 하나도 즐겁지 않았어요. 아무리 재빨리 밥을 먹으려 해도 손이 말을 듣지 않았어요.

"아휴, 밥 좀 빨리 먹어. 곧 체육 시간이라고."

"무슨 일이든 빠르게 하기! 이 규칙도 어겼으니 너희들, 반성문 세 장씩 또 써야겠네. 축하해!"

너꼬미와 곰곰이가 늑또리와 친구들을 또다시 놀렸어요.

늑또리와 토비와 스뻥이와 하붕이는 집으로 가며 훌쩍훌쩍 울었어요. 그러면서 처음으로 이런 생각을 했어요.

'내 목소리가 작으면 시끌시끌 떠들지 말고 내 말에 귀 기울여 주면 되잖아.'

또 이런 마음도 품었어요.

'왜 모든 걸 빨리빨리 해야 하지? 천천히 해도, 아니 느리게 해도 하늘은 무너지지 않는다고.'

꼭 배려를 해야 하나요?

모든 것을 신경 쓰고 배려하면서 살아간다는 것은 너무 피곤하고 어려운 일 같기도 해요.

어떤 어른들은 다른 사람에게 잘해 주지 말라고 충고하시기도 해요. 제가 아무리 남에게 잘해 줘도 상대방이 감사할 줄 모르면 결국 제가 상처받고 손해 본다고 하셨어요.

그렇다면 사람들이 서로 전혀 신경 쓰지 않고 각자 살아가는 사회, 즉 배려하지 않는 사회를 한번 떠올려 보자꾸나.

왜 그렇게 생각했니?

학교에서 '친구'라는 단어가 없어질 것 같아요.

사람들 모두가 서로를 배려하지 않는다면 옆 사람에게 무슨 일이 생기든 말든 모른 척하게 되잖아요.

맞아. 친구끼리는 서로 믿고 의지할 수 있어야 되는데 말이야.

배려는 어려운 게 아니야

아이가 태어났을 때 부모님을 비롯해서 많은 사람들은 아이가 잘 자라도록 노력을 하시잖니. 어린아이는 아직 아무것도 할 수 없으니 이러한 배려를 받는 것은 당연한 거지. 이렇게 태어날 때부터 배려를 받으며 자란 우리들이기에 '다른 사람을 위해 마음을 쓰거나 신경 쓰는 것'을 자연스럽게 할 수 있게 된다고 보는 학자들이 있단다.

소쌤의 창의특강
탑승객을 감동시킨 아기 엄마의 배려

배려는 일상에서 쉽게 실천할 수 있단다. 다음 이야기를 읽고 일상에서 실천할 수 있는 배려를 생각해 보렴.

데이브 코로나라는 사람이 비행기를 탔을 때의 일이란다. 같은 비행기를 탄 여성이 200개의 작은 비닐봉지를 승객들에게 나누어 주었어. 귀마개와 사탕이 든 작은 봉지에는 영어로 다음과 같은 내용이 적혀 있었단다.

"안녕하세요. 저는 준우라고 합니다. 태어난 지 네 달 됐어요. 오늘 나는 엄마와 할머니와 함께 이모를 만나러 가요. 비행기를 타는 건 처음이라 조금 걱정되기도 하고 무섭기도 해요. 제가 울거나 시끄러울 수도 있다는 뜻이에요. 약속을 지킬 수 있을지는 모르겠지만 조용하도록 노력할게요. 저를 이해해 주시길 바랄게요. 그래서 엄마가 작은 선물을 준비했어요. 제가 너무 소란스러우면 귀마개를 사용하세요."

준우 엄마는 왜 이런 메모를 쓰고 선물을 준비했을까?
준우 엄마는 처음으로 비행기를 타는 아기가 보채거나
울음을 터뜨릴까 봐 걱정이 되었던 거야.
몇 시간씩 비행기를 타고 이동해야 하는데
다른 승객들한테 피해가 갈까 걱정도 되었겠지.

실제로 비행기에서 아기가 울거나 소란을 피우는 사람이 생기면 승무원도 승객들도 모두 난처해하고 힘들 수밖에 없지. 기차처럼 밖에 나가 있을 수도 없고 말이야.

하지만 준우 엄마의 배려가 사람들의 마음을 감동시킨 건 분명한 것 같구나. 아기가 울어 조금 불편한 상황이 생기더라도 승객을 배려한 준우 엄마의 선물 때문에 조금은 참고 비행을 즐길 수 있게 되지 않았을까?

작은 배려가
많은 사람을
행복하게 하는구나!

우리 모두는 행복해

'학교 오기 진짜 싫어. 너꼬미와 곰곰이가 놀려서 마음만 아프고. 아휴, 반장만 아니라면 그냥 결석했을 거야.'

오늘도 늑또리는 곱셈 문제를 풀다 말고 이 생각에 빠졌어요.

'학교 싫어! 너꼬미와 곰곰이가 큰소리치며 비웃는 것 정말로 싫어. 그럴 때마다 내가 형편없다고 느껴진단 말이야.'

엄마에게 혼날까 봐 할 수 없이 학교에 온 토비와 스뽕이와 하붕이도 문제를 풀다 말고 멀거니 있었어요.

"2 곱하기 10은 20, 3 곱하기 10은 30!"

너꼬미와 곰곰이만 오늘도 신이 나서 곱셈 문제를 풀었어요. 점심시간에도 너꼬미와 곰곰이만 즐겁게 이야기하며 냠냠 쩝쩝 밥을 먹었고요.

행복반의 두 가지 규칙을 지키지 못한 늑또리와 토비와 스뽕이와 하붕이는 학교에 남아 반성문을 써야 했어요.

"내가 뭘 잘못한 걸까? 너꼬미와 곰곰이도 나처럼 되기를 바라서 만든 규칙들이잖아. 그랬는데 이게 뭐야? 내가 왜 반성문을 쓰고 있냐고!"

늑또리가 느릿느릿 반성문을 쓰다가 눈물 젖은 눈을 쓰으윽 닦 았어요.

"나는 너꼬미와 곰곰이를 배려해서 이 규칙들을 만든 거야. 이 규칙들이 우리 반 모두를 행복하게 해 줄 거라 믿었어. 그런데 아 닌가…… 봐."

늑또리가 후유, 길게 한숨을 뿜어 냈어요.

"얘들아, 우리 반의 두 가지 규칙, 그거 왜 만든 거였지? 모두의 행복을 위해서 만든 것 아니었어?"

이번에는 스뿡이가 짜증스레 방귀를 뿌우우웅 뀌며 친구들을 번 갈아 보았어요.

"스뿡이 너, 뭐라고 했어? 소리가 작아서 안 들렸잖아. 언제든 누구든 큰 소리로 말하기 몰라? 스뿡이 너, 규칙 또 어겼으니까 반성문 더 써!"

하붕이가 날개를 펼치며 외쳤어요. 물론 하붕이의 이 외침도 작은 소리일 뿐이었지요.

"너희들 방금 무슨 말 한 것 맞지? 규칙, 행복, 반성문? 이런 낱말은 들을 수 있었는데 나머지는 모르겠네."

어쩌다 두 귀를 쫑긋 세우고 있던 토비가 친구들에게 눈길을 보냈어요.

"토비야, 네가 뭐라는지 모르겠어. 아, 잠깐만!"

늑또리가 종이에 느리지만 커다랗게 글자를 써서 보여 주었어요.

'토비야, 나한테 뭐라고 했어?'

그러자 토비도 느릿느릿 글자를 적었어요.

'내가 귀를 쫑긋 세우고 있었는데 너희들 말을 쪼끔 알아들을 수 있었어.'

토비의 글을 본 친구들이 입을 떠어억 벌렸어요. 늑또리와 친구들은 두 귀를 쫑긋 세우고서 집중하고 있는 토비에게 엄지를 내밀며 칭찬했어요.

"토비 너, 대단하다!"

그때였어요. 토비가 손뼉을 마구 치더니 곧 글자를 적어서 보여 줬어요.

'토비 너, 대단하다! 그랬지?'

늑또리와 스뿡이와 하붕이가 활짝 웃으며 고개를 끄덕했어요.

'너희도 귀를 쫑긋하고 친구들이 하는 말에 마음을 모아 들어 봐.'

토비가 알려 준 대로 늑또리와 스뿡이와 하붕이가 따라 했어요. 와, 그랬더니 정말 서로의 작은 목소리가 소곤소곤 귀를 간질이며 들리지 뭐예요.

"그래, 이렇게 하면 되는 거였어!"

늑또리와 스뿡이와 하붕이가 만세를 불렀어요.

"얘들아, 우리가 서로의 말을 알아들어서 다행이야. 하지만 아직도 우리는 달팽이보다 느리고, 또 내일이면 너꼬미와 곰곰이에게 놀림을 당할 거야."

반성문을 다 쓰고 학교를 나선 늑또리가 걱정스레 말했어요.

"늑또리 말이 맞아. 그러니까 얼른 원래 모습으로 돌아가는 방법을 찾아야 해."

토비의 말을 듣던 스뿡이가 뿌웅 방귀를 뀌며 투덜거렸어요.

"토비야, 그것보다 먼저 선생님에게 규칙을 없애 달라고 하자. 반성문 쓰기, 정말로 싫단 말이야."

"스뿡이 너처럼 나도

반성문 쓰기 싫어. 하지만 선생님에게 부탁할 수는 없어. 그 규칙들은 학급 회의에서 우리가 결정한 거니까 우리 스스로 해결해야지."

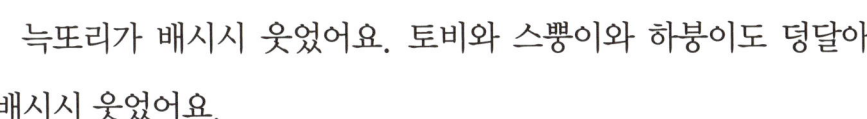

늑또리의 말에 스뽕이가 입을 삐죽이며 또 한 번 뿌우우웅 방귀를 뀌었지요.

"얘들아, 우선은 원래 모습으로 돌아가는 방법부터 찾자. 그 방법, 너희도 알지?"

늑또리가 배시시 웃었어요. 토비와 스뽕이와 하붕이도 덩달아 배시시 웃었어요.

"마법사 여우 할머니! 가자!"

늑또리와 친구들은 다시금 아홉 개의 고개를 넘고 또 아홉 개의 시내를 건너 마법사 여우 할머니 집으로 갔어요.

"어, 저기 너꼬미와 곰곰이잖아!"

"아휴, 얄미운 애들이 왜 이곳에 있는 거야? 기분 나빠! 가라고 해야지."

하붕이가 여우 할머니 집 앞에 쪼그려 앉아 있는 너꼬미와 곰곰이에게 느릿느릿 날아갔어요.

"너꼬미, 곰곰이. 여기는 왜……. 어, 너희 울었어?"

하붕이는 여우 할머니의 커다란 집 앞에서 쪼그려 앉은 채 훌쩍훌쩍 우는 너꼬미와 곰곰이를 보니까 불쑥 가엾다는 생각이 들었어요.

"얘들아, 너꼬미와 곰곰이가 울고 있어! 속상한 일이 있나 봐."

놀란 하붕이가 날개를 파닥거리자 놀란 늑또리와 토비와 스뿡이가 서둘러 달려왔어요. 물론 빠른 건 아니었지만요.

"아니야, 우리 안 울었어. 그런데 너희는 여기 왜 왔어? 아, 여우 할머니에게 천둥보다 큰 목소리랑 번개보다 더 빠른 몸 부탁하려고 왔구나."

너꼬미가 급히 눈물을 닦으며 말했어요. 휙 눈물을 훔친 곰곰이가 그 뒤를 이었어요.

"맞아, 우리 결코 안 울었다! 그런데 마법사 여우 할머니는 지금 다른 나라에 가 있대. 어쩌지?"

곰곰이가 초록 담쟁이 잎들로 뒤덮인 문을 가리켰어요. 거기에 커다란 종이가 붙어 있었어요. 늑또리와 토비와 스뿡이와 하붕이가 좀 더 문 앞으로 다가갔어요.

나 마법사 여우는 오늘부터
외국에서 열리는 마법사 모임에
참가 중임. 나를 만나고 싶으면
3,285일이 지난 뒤 오길.
그럼 메모를 보는 모두에게
평안이 있기를!

• • • • • • • • • •

추신 1. 혹시 오늘 찾아올지 모를 너꼬미와 곰곰이 보렴.
얘들아, 미안하구나. 내가 눈부신 햇살을 촤르르! 뿌려 줘야 하는데…….
촤르르르르! 뿌려 줘서 목소리가 엄청 커지고 행동이 엄청 빨라진 거란다.

**추신 2. 어쩜 오늘 찾아올지도 모를
늑또리와 토비와 스뱅이와 하붕이에게**
얘들아, 너희에게도 미안! 내가 눈부신 햇살 대신 은은한 달빛을 뿌렸구나.
달빛은 빼기(−) 기운이라 목소리도 엄청 작아지고 행동도 느리게 될 거란다.

추신 3. 혹시라도 마법의 약을 먹기 전으로 돌아가고 싶다면?
그날 내가 불러 준 노래를 떠올려 보렴.
그럼 숲속 동물 학교 행복반의 행복을 빌며 이만 끝!

"여우 할머니가 어떤 노래를 불렀더라? 아, 꽃이 나오고 그랬는데……."

너꼬미가 몹시 안타까워했어요. 그때 귀를 막고 있던 늑또리가 말을 건넸어요.

"너꼬미, 좀 자그맣게 얘기하면 안 될까? 크게 말하지 않아도 다 들리거든. 그런데 너꼬미와 곰곰이, 너희는 왜 여우 할머니를 찾아온 거야?"

"엇, 미안해! 그저 내 생각만 했네."

너꼬미가 온몸에서 힘을 쫙 뺀 다음 일부러 목소리를 작게 해서 속삭였어요.

"나랑 곰곰이가 여우 할머니를 만나려는 이유는……."

너꼬미가 머뭇거리는 걸 지켜보던 토비가 대신 말했어요.

"너꼬미와 곰곰이 너희도 마법의 약을 먹기 전으로 돌아가고 싶은 거야. 그치? 그래서 여우 할머니가 불러 준 노래를 기억하려고 애쓰는 거고. 내 말 맞지?"

"오, 토비는 역시 똑똑해. 그런데 이상하다. 너꼬미와 곰곰이는 왜 원래 모습으로 돌아가려고 해? 목소리도 크고 행동도 빨라졌잖

아. 그게 좋지 않아?"

스뿡이가 너꼬미와 곰곰이를 뚫어져라 보았어요. 너꼬미와 곰곰이도 놀란 눈으로 스뿡이를 뚫어져라 보다가 물었지요.

"스뿡이 너는 개미 소리처럼 작은 토비의 말을 어떻게 알아듣는 거야?"

"헤헤, 작은 소리도 귀를 기울이면 들린다는 걸 깨달았어. 그래

서 우리 모두 서로의 말을 알아듣고 있지."

스뿡이가 방시레 웃으면서 자랑스럽게 이야기했어요.

'그 사실을 이제야 알았구나. 늦기는 했어도 참 다행이야.'

너꼬미와 곰곰이도 머리를 끄덕이며 방시레 웃었어요.

"그만 돌아가자. 여우 할머니를 만나려면 3,285일이 지나야 하잖아."

늑또리 말에 따라 너꼬미와 곰곰이, 그리고 토비와 스뿡이와 하붕이가 발길을 돌렸어요. 그러면서 모두들 여우 할머니의 노래를 기억하려고 끙끙거렸어요.

첫 번째 고개를 넘을 때였어요. 곰곰이가 콩콩콩 빨리빨리 걷는 걸 보고 늑또리와 친구들도 빨리 걸으려고 낑낑거렸어요. 당연히 몸이 따라 주지 않았지요.

어쩔 수 없이 늑또리와 친구들은 천천히 여유롭게 걸었어요. 그러다 보니 이제까지 볼 수 없었던 것들이 눈과 마음에 들어왔어요. 늑또리가 들뜬 얼굴로 말을 꺼냈어요.

"천천히 걸으니까 좋다. 구름과 이야기도 나누고, 나무들에게 인사도 하고 말이야."

"맞아, 맞아!"

토비와 스뿡이와 하붕이가 맞장구쳤어요. 곰곰이가 놀라 발걸음을 멈추었어요.

"우아, 너희들도 그 즐거움을 알았구나! 아휴, 마법의 약을 괜히 마셨어. 약 때문에 내 안에 있던 여유로움을 잃어서 너무 슬퍼!"

곰곰이가 한숨을 푹푹 쉬었어요.

"여우 할머니의 노래를 꼭 기억해 내서 얼른 원래 모습을 되찾을 거야. 원래의 내 모습대로 천천히 말하고 천천히 움직일 때가 진짜로 행복했어."

늑또리와 친구들은 그런 곰곰이를 보며 생각에 잠겼어요.

'아하, 곰곰이는 그런 아이구나. 이제까지 그걸 모르고 있었네.'

이번에는 첫 번째 시내를 건너게 되었어요. 징검다리 위에서 토비가 귀를 쫑긋 세운 채 소곤거렸어요.

"쉬잇, 마음을 다해 들어 봐. 냇물 속에서 피라미들이 쫑알쫑알 노래하고 있어."

늑또리와 친구들이 징검다리에 앉아 귀를 기울였어요.

"헤헤, 나 하붕이가 최고로 멋진 하늘다람쥐라고 칭찬하고 있어. 하붕 최고 하붕 최고 이러잖아."

"아니, 나 스뿡이 방귀가 구수하다고 하는 거야. 잘 들어 봐, 스뿌웅스뿌웅 하잖아."

하붕이와 스뽕이가 주고받는 말을 들으며 모두들 깔깔깔 웃었어요.

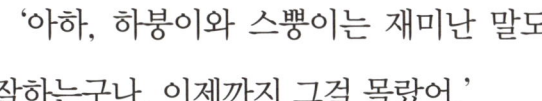

'아하, 하붕이와 스뽕이는 재미난 말도 잘하는구나. 이제까지 그걸 몰랐어.'

너꼬미와 곰곰이가 하붕이와 스뽕이를 따뜻한 눈길로 바라보았어요. 그러면서 너꼬미는 잠깐 슬픈 생각에 젖었어요.

'전에는 나도 자연의 작은 소리까지 다 들어서 행복했는데 마법의 약을 마신 뒤로는 그러질 못해. 게다가 친구들에게 목청을 높이면서 상처만 주었지. 어서 원래 모습을 되찾고 싶어.'

어느덧 아홉 번째 고개를 넘어갈 때였어요.

"아이코, 엄마야!"

토비가 발을 헛디뎌 그만 데굴데굴 구르기 시작했어요. 그때였어요.

"토비야, 내가 구해 줄게!"

곰곰이가 고개를 쿵쿵쿵 뛰어 내려갔어요. 쏜살같이 토비 뒤를 따라간 곰곰이가 마침내 토비를 붙들었어요. 곰곰이가 훌쩍거리는 토비를 등에 업었어요.

"토비야, 괜찮을 테니까 아무 걱정 마. 알았지?"

곰곰이가 토비를 위로했어요. 뒤늦게 달려온 친구들이 곰곰이에게 훌륭하다며 엄지를 쭈우욱 내밀었어요. 곰곰이가 빨개진 얼굴로 살짝 웃으며 생각했어요.

'이럴 때는 재빠른 게 좋구나.'

이윽고 행복반의 여섯 친구들이 갈림길에 섰어요. 각자의 집으로 돌아가야 하니까요.

"마음이 이상해. 우리가 함께 아홉 개의 고개를 넘고 또 아홉 개의 시내를 건넜을 뿐인데 마치 형제가 된 것 같아."

늑또리가 두 손을 가슴에 대고 떨리는 목소리로 소곤거렸어요.

"나도 그래. 그동안 모르고 있던 친구들 모습을 조금 알게 되니까 마치 내가 너 같고 네가 나 같은 느낌? 그런 느낌이 들었어."

너꼬미가 일부러 소리를 작게 해서 이야기했어요.

여기저기서 "맞아, 맞아. 나도, 나도." 이 소리가 꽃이 피어나듯 팡팡팡 터졌어요.

"내일 학교에서 만나!"

서로에게 손을 흔들며 여섯 친구들이 헤어졌어요. 너꼬미는 이웃에 사는 스뿡이와 같이 갔어요. 중간에 스뿡이가 다리가 너무 아프다고 해서 너꼬미가 목말을 태워 주었지요. 그날 밤 행복반의 여섯 친구들은 드르렁드르렁 코를 골며 평안히 잠을 잤어요.

이튿날이에요.

숲속 동물 학교 행복반에서 헤헤헤, 히히히, 깔깔깔 웃음소리가 울려 퍼졌어요.

"와, 여우 할머니 노래를 기억하지도 못했는데 원래 모습으로 돌아왔어!"

늑또리는 두 팔을 마구 흔들며 기뻐했고, 토비는 두 귀를 팔랑거리며 좋아했어요. 스뿡이는 구수한 방귀를 뿡뿡뿡 뀌어 대며 춤추었고, 하붕이는 쫙 날개를 펼친 채 여기서 저기로 붕붕 날아다녔어요.

예전처럼 너꼬미는 작지도 크지도 않은 목소리로 하하하 웃었고, 곰곰이는 엉덩이를 천천히 흔들며 '좋아 좋아!' 소리쳤지요.

수업이 시작되기 전에 반장인 늑또리가 임시 학급 회의를 열기로 했어요.

"애들아, 나와 다른 너꼬미와 곰곰이를 180도 바꿔 보겠다고 규칙을 두 개 만들었잖아. 그건 정말 잘못된 행동이었어. 너꼬미와 곰곰이, 미안해!"

너꼬미와 곰곰이는 늑또리의 진심이 담긴 사과를 기쁘게 받아 주었어요.

"얘들아, 그 규칙들은 어떻게 할까?"
늘또리가 말을 마치기 무섭게 모두가 한마음으로 외쳤어요.
"없애자!"
"만세!"
 행복반의 여섯 친구들이 각자의 목청대로, 각자의 속도에 따라 만세를 불렀어요. 그리고 그 모습을 사슴 선생님이 저만치에서 방시레 웃으며 지켜보았어요.

만일 나라면?

배려는 자연스러운 것이라고 하셨잖아요. 그런데 왜 어떤 사람들은 배려를 잘 하지 않는 것일까요?

배려는커녕 다른 사람들의 돈이나 물건을 빼앗고, 심지어 사람을 다치게 하거나 죽게 하는 경우도 있잖아요.

아무 곳에나 쓰레기를 버리는 사람들도 많고, 지하철이나 버스 안에서 큰 소리로 떠드는 사람들도 있어요. 이 사람들은 배려가 무엇인지 모르는 걸까요?

배려는 다양한 방식으로 실천할 수 있단다.
아래 문장들을 완성해 보면서 배려의 의미를 생각해 보자꾸나.

- 나는 _____ 을/를 존중합니다.

- 친구가 힘들어 할 때 _____ 라고 격려해 주었습니다.

- 예전에 _____ 을/를 걱정한 적이 있습니다.

- 친구가 _____ 할 때 칭찬해 주었습니다.

어떤 것을 가치 있게 여겨야 하는지에 대한 생각이 부족한 사람들인 것 같다. 어떤 것을 배려한다는 것은 그것을 가치 있게 여긴다는 말과 같거든.

▶▶▶

그럼 쓰레기를 마구 버리는 사람들은 쓰레기를 제대로 분리해서 버리는 일의 가치를 모르는 사람들이겠네요.

공감 능력 키우기

덴마크 사람들은 어렸을 때부터 자기 감정을 잘 표현하는 방법을 배웁니다. 그리고 내 감정이 중요한 만큼 다른 사람들의 감정을 잘 존중해 주어야 한다고 배우죠. 서로의 마음을 잘 헤아려 주고 배려하는 것이 행복의 비결이라고 해요. 덴마크에서는 6세 때부터 16세가 될 때까지 10년 동안 학교에서 '공감 능력 키우기' 수업을 해요. 우리도 감정 카드를 직접 만들어 공감 능력을 키워 볼까요?

준비물

감정 카드(슬픔, 행복, 두려움, 분노 등의 표정을 간단하게 그려도 좋아요.)

활동방법

① 감정 카드를 서로 보여 주면서 각자 감정을 표현하는 방식에 대해 발표해요.
② 두 명이 한 팀을 이뤄서 서로 고민을 털어놓고 어떻게 해결하면 좋을지에 대해 토론해도 좋아요.
③ 서로를 배려하는 과정에서 따뜻함을 느낄 수 있어요.

집에서 가족끼리 한 달에 한 번씩 서로 짧은 편지를 써서 주고받는 활동을 해 보아요.

.... 에게

.... 에게

.... 에게

200만 부 판매 돌파!

AI 시대 미래 토론

✓ 뭉치북스가 만든 국내 최초 토론책!   ✓ 초등 국어
✓ 한국디베이트협회와 교

- 01 함께 사는 로봇
- 02 원시인도 모르는 공룡
- 03 더 멀리 더 높이 더 빨리 스포츠 과학
- 04 까만 우주 속 작은 별
- 05 노벨도 깜짝 놀란 노벨상
- 06 지켜라! 멸종 위기의 동식물
- 07 도로시의 과학 수사대
- 08 살아 있는 백두산
- 09 콜록콜록! 오늘의 황사 뉴스
- 10 앗! 이런 발명가, 와! 저런 발명품
- 11 아낄수록 밝아지는 에너지
- 12 과학 Cook! 문화 Cook! 음식의 세계
- 13 과학을 훔친 수상한 영화관
- 14 끝없이 진화하는 무서운 전염병
- 15 지구 온난화와 탄소배출권
- 16 먹을까? 말까? 먹거리 X파일
- 17 우리 몸을 흐르는 피와 혈액형
- 18 진짜? 가짜? 가상현실과 증강현실
- 19 두근두근 신비한 우리 몸속 탐험
- 20 우리를 위협하는 자연재해
- 21 봄? 가을? 경계가 모호해지는 사계절
- 22 세균과 바이러스 꼼짝 마! 약과 백신
- 23 생태계의 파괴자? 외래 동식물
- 24 쾅쾅쾅~ STOP!!! 우리나라도 위험해요, 소중한 물
- 25 오늘도 나쁨! 작아서 더 무서운 미세먼지
- 26 식량 위기에서 인류를 구할 미래 식량
- 27 썩지 않는 플라스틱! 지구와 인간을 병들게 하는 환경 호르몬
- 28 나와 똑같은 또 다른 나, 인간 복제
- 29 미래의 디지털 첨단 의료
- 30 땅속 보물을 찾아라! 지하자원과 희토류
- 31 농사일부터 우주 탐사까지, 미래는 드론 시대
- 32 알쏭달쏭 미지의 세계, 뇌
- 33 얼마나 작아질까? 어디까지 발달할까? 나노 기술과 첨단 세계
- 34 찾아라! 생명체가 살 수 있는 또 다른 별, 제2의 지구
- 35 배울수록 더 강해지는 인공 지능
- 36 창조론이냐? 진화론이냐? 다윈이 들려주는 진짜진짜 진화론
- 37 모두모두 소중한 생명! 멈춰요 동물 실험
- 38 유해할까? 유용할까? 생활 속 화학 물질
- 39 46억 년의 비밀, 생명을 살리는 지구
- 40 과학자가 가져야 할 덕목, 과학자 윤리와 책임

문화체육관광부 우수교양도서 | 서울시교육청 추천도서 | 경기도 사서협의회 추천도서 | 한국교육문화원 추천도서 | 아침독서 추천도서

100만 부 판매 돌파!

수학이 쉬워지고, 명작보다 재미있는
뭉치수학왕

정부 기관 선정 우수 도서임을 많이 수상한 믿을 수 있는 시리즈!

뭉치 수학왕 시리즈는 미래의 인재로 키워 줌

"인공지능(AI) 시대의 힘은 수학에서 나온다!"

개념 수학

〈수와 연산〉
1 양치기 소년은 연산을 못한대
2 견우와 직녀가 분수 때문에 싸웠대
3 가우스 동화 나라의 사라진 0을 찾아라
4 가우스는 소수 대결로 마녀들을 물리쳤어
5 앨런, 분수와 소수로 악당 히들러를 쫓아내라
6 약수와 배수로 유령 선장을 이긴 15소년

〈도형〉
7 헨젤과 그레텔은 도형이 너무 어려워
8 오일러와 피노키오는 도형 춤 대회 1등을 했어
9 오일러, 오즈의 입체도형 마법사를 찾아라
10 유클리드, 플라톤의 진리를 찾아 도형 왕국을 구하라
11 입체도형으로 수학왕이 된 앨리스

〈측정〉
12 쳇! 신데렐라는 시계를 못 본대

13 알쏭달쏭 알라딘은 단위가 헷갈려
14 아르키는 어림하기로 걸리버 아저씨를 구했어
15 원주율로 떠나는 오디세우스의 수학 모험

〈규칙성〉
16 떡장수 할머니와 호랑이는 구구단을 몰라
17 페르마, 수리수리 규칙을 찾아라
18 피보나치, 수를 배열해 비밀의 방을 탈출하라
19 비례배분으로 보물섬을 발견한 해적 실버

〈자료와 가능성〉
20 아기 염소는 경우의 수로 늑대를 이겼어
21 파스칼은 통계 정리로 나쁜 왕을 혼내 줬어
22 로미오와 줄리엣이 첫눈에 반할 확률은?

〈문장제〉
23 개념 수학-백점 맞는 수학 문장제①
24 개념 수학-백점 맞는 수학 문장제②
25 개념 수학-백점 맞는 수학 문장제③

융합 수학

26 쌍둥이 건물 속 대칭축을 찾아라(건축)
27 열차와 배에서 배수와 약수를 찾아라(교통)
28 스포츠 속 황금 각도를 찾아라(스포츠)
29 옷과 음식에도 단위의 비밀이 있다고?(음식과 패션)
30 꽃잎의 개수에 담긴 수열의 비밀(자연)

창의 사고 수학

31 퍼즐탐정 썰렁홈즈①-외계인 스콜피오스의 음모
32 퍼즐탐정 썰렁홈즈②-315일간의 우주여행
33 퍼즐탐정 썰렁홈즈③-뒤죽박죽 백설 공주 구출 작전
34 퍼즐탐정 썰렁홈즈④-'지지리 마란드르' 방학 숙제 대작전
35 퍼즐탐정 썰렁홈즈⑤-수학자 '더하길 모테'와 한판 승부

36 퍼즐탐정 썰렁홈즈⑥-설국언차 기관사 '어려도 달리능기라'
37 퍼즐탐정 썰렁홈즈⑦-해설 및 정답

수학 개념 사전

38 수학 개념 사전①-수와 연산
39 수학 개념 사전②-도형
40 수학 개념 사전③-측정·규칙성·자료와 가능성

독후 활동지

본책 40권+독후 활동지 7권
정가 580,000원